मेरे अल्फ़ाज़

अक्षय कुमार

Copyright © Akshay Kumar
All Rights Reserved.

This book has been published with all efforts taken to make the material error-free after the consent of the author. However, the author and the publisher do not assume and hereby disclaim any liability to any party for any loss, damage, or disruption caused by errors or omissions, whether such errors or omissions result from negligence, accident, or any other cause.

While every effort has been made to avoid any mistake or omission, this publication is being sold on the condition and understanding that neither the author nor the publishers or printers would be liable in any manner to any person by reason of any mistake or omission in this publication or for any action taken or omitted to be taken or advice rendered or accepted on the basis of this work. For any defect in printing or binding the publishers will be liable only to replace the defective copy by another copy of this work then available.

क्रम-सूची

भूमिका

इस पुस्तक को चुनने के लिए बेहद धन्यवाद।
    ये पुस्तक एक छोटी सी संग्रह है कवि के काव्य और लेखों के। इसमे लिखी गई कुछ कविताएं व लेख सत्य घटनाओं पर आधारित है।

लेखक के विषय में

अक्षय कुमार एक मेडिकल छात्र, लेखक और एक तबला वादक हैं। उन्होंने अपनी शुरू की पढ़ाई मुजफ्फरपुर, बिहार से की है और तत्पश्चात वो कहानिया व कविताएं लिखने लगे। उनका ज्यादातर काव्य शृंगार रस में होता है। लिखना उनका शौक है। स्टोरीमीररोर (Storymirror) नामक मंच से उन्हे दो बार "ऑथर ऑफ द वीक" (Author of the Week) तथा एक बार "ऑथर ऑफ द मन्थ" (Author of the Month) से सम्मानित किया गया है। और फिलहाल वो "ऑथर ऑफ द ईयर" (Author of the Year) के लिए नामित हैं।

1. हम तुम

जब से तुमने मेरा हाँथ थामा,
मेरी ज़िंदगी बदल गई,
ख्वाबों ने लिया हकीकत का रूप,
और तुम मेरी हो गई।
मुझे मुझसे भी ज्यादा जानने लगी हो तुम,
मुझे मुझसे भी ज्यादा पहचानने लगी हो तुम।
सुनो,
दिल को खुशियों से भर दिया है तुमने,
रस्ते के काँटों को पलकों से चुन लिया है तुमने,
बड़ी मुश्किल से पाया है तुम्हें,
बड़े जतन से दुनिया से चुराया है तुम्हें।
चलो अब उम्र भर के लिए साथ बंध जाएँ,
हम-तुम
प्यार के आगोश मे हमेशा के लिए खो जायें,
हम-तुम
चलो एक दूसरे के दिल की धड़कन बन जाएँ,
हम-तुम,
चलो कुछ ऐसा करें की कभी दूर ना हो पायें,
हम-तुम,
कोई और ना हमारे बीच आ सके,
चलो इस रिश्ते को इतना मजबूत बनाये,
हम-तुम

मेरे अल्फ़ाज़

2. एक पैगाम तेरे नाम

तुम हो तो ज़िंदगी ज़िंदगी सी लगती है,
तुम ना हो तो ज़िंदगी मे कुछ कमी सी लगती है।
तुम हो तो दिल कहे अभी और जीना है,
तुम ना हो तो हर सांस आखिरी सी लगती है,
कैसे बताऊँ तुम्हें? खुद हि समझ जाओ ना,
बहुत याद आती है तुम्हारी, आ कर गले लग जाओ ना।
ज़िंदगी बहुत ख़ूबसूरत होगी, अगर तुम हमसफ़र बनो,
क्योंकि..
मेरी सफर भी तुम और मेरी मंजिल भी,
तुम सुर हो मेरे संगीत की और मेरी साज भी।
तुम मेरी सच्चाई हो और मेरी राज भी।
जो कभी वीरान ना पड़े वो हरियाली हो तुम।
चाँदनी रात की वो सुकून भड़ी प्रवात हो तुम।
मेरी कविता की प्रेरणा तुम हि तो हो सनम।
तुम मेरी कल्पना भी और मेरी अल्फ़ाज़ भी।

3. जब हम मिलेंगे

जब हम मिलेंगे.....
क्या मेरी आँखें तुम्हारी झुकी पलकों का
मतलब समझ पाएंगी....?
पर शायद उन बन्द आँखों के पीछे के इरादों को
परख तो लेंगी हीं....
मेरी उंगलियों की शरारतों को
रोक तो नही दोगी तुम....?
खैर........!
मेरी बढ़ी धड़कनें तुम्हारी धड़कनों को महसूस कर ले
उतना ही काफी रहेगा....
साँसों के मिलने से लेकर
होठों के मिलने तक के सफर में
दिल को संभाल तो लोगी ना तुम....?
अपनी मुस्कुराहटों पर मुझे मरता देख
इतराया तो नही करोगी ना....?
बातें थोड़ी सी तल्ख होने पर
नाक सिकोड़ के डराया तो नही करोगी....?
मिलने से पहले किये वादे
भूल तो नही जाओगी....?
एक पल तुम्हारे साथ प्यार से होने का एहसास ही
इस अधूरी कविता को पूरा कर सकता है
मुझे उस ही एक पल का इंतज़ार है...

अक्षय कुमार

• 5 •

4. तुम जैसी हो वैसी रहो

तुम जैसी हो वैसी रहो,

थोड़ी पागल सी हो,

थोड़ी नादान सी हो,

थोड़ी चुलबुली सी हो,

थोड़ी बुद्धू सी हो,

मुझसे लड़ने वाली,

मुझसे रूठने वाली,

मुझे सताने वाली,

पर ज़िंदगी के इस हसीन सफर मे,

मेरे साथ चलने वाली।

तुम जैसी हो वैसी रहो,

मेरे साथ ऐसे हिं चलते रहो।

मुझसे रूठती रहो,

और जब मैं तुम्हें मनाऊँ,

तो नाक सिकोड़ कर मुझे डराया करो।

मुझे बार-बार फोन करती रहो,

छोटी-छोटी बातें बताने के लिए।

तुम्हारी बचकानी हरकतें बहुत रास आती है मुझे।

वक्त के साथ खुद को बदल लेना,

इंसान की फितरत होती है।

पर तुम्हें है कसम,

तुम ना बदलना कभी और ये प्यार कम ना करना कभी।

अक्षय कुमार

तुम जैसी हो वैसी रहो।

5. कैसे बताऊँ मै तुम्हें?

तुम जान हो मेरी, और मेरी बसर भी।
रात हो तुम और मेरी नजर भी।
क्यों चाहता हूँ तुम्हें इतना कुछ खबर नहीं,
पर मेरी इला हो तुम, और उसकी बयार भी।
खुद से तो हाज़रों बार कह चुका हूँ,
अब तुमसे ये कहना चाहता हूँ।
मन मे मेरे जैसे रहती हो तुम,
तुम्हारी निगाहों मे रहना चाहता हूँ।
जब भी तुम हँसती हो,
मेरा दिल झूम उठता है।
पर जब तुम्हारी चेहरे पर शिकन आता है,
तो मेरा दिल तड़प उठता है।
जब तुम प्यार से बातें करती हो मुझसे,
मेरा मन खुशी से मचल उठता है,
पर जब ढंग से बातें नहीं करती,
तो ऐसा लगता है मानो,
किसी से छीन ली हो शेयर से उसकी शायरी,
किसी ने छीन ली हो समुंदर से उसकी लहरें,
किसी ने छीन ली हो तारों से उसकी चमक,
किसी ने छीन ली हो मुझसे मेरी साँसें।
तुम हिं बात दो न की
कैसे बताऊँ मै तुम्हें?

अक्षय कुमार

6. इतना आसान होता है क्या?

उम्र बढ़ती चली गई और हद से आगे गुजर गई।
वो खुद को बच्चा समझता रहा,
और दुनिया की नज़रों मे वो बड़ा हो गया।
उन्नीस साल की उम्र मे लड़का जवान है क्या?
लड़का होना इतना भी आसान है क्या?
किसी के सामने रोना नहीं,
तुम लड़के हो, लड़के तो स्ट्रॉग होते है न,
वो लड़के तो बुजदिल होते हैं जो रोते हैं।
चलो मान लिया,
मर्द को दर्द नहीं होता,
पर सिर्फ जिस्मों पर।
चोट तो हमे भी लगती है,
तकलीफ तो हमे भी होता है,
कुछ बुरा होने पर रोना तो हमे भी आता है।
पर कभी हमारी आँखें छलक पड़ी,
तो लोग कहेंगे कैसे रो दिए, बच्चे हो क्या?
तुम ही बताओ न, लड़का होना इतना भी आसान है क्या?
बात बात पे सबका गुस्सा हमपे हिं निकाला जाएगा,
हम लड़के हैं, हमे सबकुछ सहना है,
हमे रोना नहीं है, हमे पत्थर दिल बनना है।

बचपन से बस यही सिखाया जाएगा।
जवानी की दहलीज पर आते हिं,
हमसे आशाओं की झड़ी लग जाती है।
सारी बातों की जिम्मेदारी कंधों पर आ जाती है,
मुश्किल हालातों मे भी मुसकुराना पड़ता है।
तुम ही बताओ न,
लड़का होना इतना भी आसान है क्या?

7. तुम्हारा दिल से शुक्रिया

सुनो......
एक बात कहनी है तुमसे;
तुम्हारा दिल से शुक्रिया।
जिसे जाना था वो तो जा चुका,
हाँ माना, टूटा जरूर हूँ,
पर घुटने नहीं टेके मैंने।
हाँ माना, शिकस्त जरूर मिली है मुझे,
पर लड़ना नहीं भूल मैंने।
पर, इस ज़िंदगी के सफर में,
झुलस के भी हँसना सिखाने के लिए,
तुम्हारा दिल से शुक्रिया।
हाँ माना, अब तुम्हारे और मेरे दरमियाँ,
बहुत फासले तय हो गए हैं।
पर तुम्हारे जाने के बाद ही तो,
ज़िंदगी की एहमीयत समझ आ रही है।
हाँ माना, अब प्यार मोहब्बत जैसी बातें,
फरेब सी लगने लगी है।
पर दिल के किसी कोने मे तो अभी भी,
तुम्हारी वो नजाकत भरी मुस्कान है जिसपे मै मरता था।
मेरी रूह को इस कदर तड़पाने के लिए,
तुम्हारा दिल से शुक्रिया।
हाँ माना, थोड़ा वक्त जरूर लगेगा ये समझने में,

की पहले तो सिर्फ एक दिल धड़कता था।
पर दिल टूटने के बाद अब तो,
दिल का हर एक टुकड़ा धड़क रहा है।
हाँ माना, पहले मेरी ज़िंदगी हुआ करती थी तुम,
जिसके बिना मैं जीना नहीं चाहता था।
पर अब उसी ज़िंदगी का एक किस्सा हो तुम,
जिसे मै खुद से अलग नहीं कर सकता,
और वो किसी दिन मेरे साथ,
मेरी चीता मे हिं झुलस के विलीन हो जाएगी।
अरे सुनो,
जा कहाँ रही हो,
मै तुमसे तुम्हारी बुराई नहीं कर रहा।
तुम्हें अगर हो भी,
तो अफसोस मत करना, की मै बेबस रह गया,
या तुम अकेला ही छोड़ गई मुझे।
क्योंकि यकीन मानो,
ये तुम्हारी दी हुई ये बेहतरीन तोहफे का ही नतीजा है,
की मेरे टूटे हुए दिल की दरारें, उमीदों से भरी हुई हैं,
जो मुझे किसी दिन ऐसे मुकाम पर पहुँचा देंगी,
जहाँ मैं सोंच भी नहीं सकता।
इसलिए,
तुम्हारा दिल से शुक्रिया।

❧ ❧ ❧

8. तुम्हारी याद

तुम ही तो हो,
मेरी जान और मेरी साथी।
तुमसे ही दिन की शुरुआत होती है,
और तुमपर हीं खत्म।
क्योंकि तुम्हारा एहसास हीं ऐसा है कि,
तुमसे इतने दूर हो कर भी कभी कभी ऐसा लगता है,
जैसे तुम मेरे बिल्कुल बगल में बैठी हो।
जैसे तुम

जान,
तुम्हारी याद आ रही है,
बहुत ज्यादा।
तुम्हारा एहसास हमेशा होता है मुझे।
ऐसा लगता है जैसे तुम मेरे पास हीं बैठी हो।
मुझे पकड़ के, जैसे तुम हमेशा बैठती हो।
ऐसा लगता है जैसे तुम मेरे गाल पर,
एक प्यारी की किस दे रही हो।
खाली समय मे तुम्हारा फ़ोटो देखना,
और रात में सोने से पहले तुम्हारे बारे में सोचना,
मेरा रोज का एक काम हो गया है।
जान तुमसे बहुत प्यार करता हूँ मैं,
बहुत ज्यादा,

अक्षय कुमार

और हमेशा करूँगा।
तुम जान हो मेरी।

9. हाँ, मैं जानता हूँ

हाँ, मैं जानता हूँ,
तुम्हे और तुम्हारी मुस्कुराहट को,
जो तुम बिखेरती हो,
अपने चारों तरफ
हाँ, मैं जानता हूँ।
तुम्हारी ख़ामोशी के पीछे के
शोर को,
जो कभी-कभी तुम मुझसे भी छिपाती हो।
हाँ, मैं जानता हूँ।
तुम्हारी वो सब पाक इरादे,
जो मुझपर हीं शुरू होती है और मुझपर हीं खत्म।
हाँ, मैं जानता हूँ।
की तुम अँधेरे से थोड़ा डरती हो,
पर मैं रहूंगा हमेशा तुम्हारा उजाला बन कर।
हाँ, मैं जानता हूँ,
तुम्हारे हर उस गुस्से को,
जो तुम नादानी में कर के ख़ुद हीं माफ़ी माँगती हो।
हाँ, मैं जानता हूँ,
तुम्हारे चेहरे की हर एक सिकन को,
जब तुम परेशान होती हो।
तुम्हारी मदहोश कर देने वाली आँखें,
तुम्हारे नमकीन होठ,

तुम्हारी वो कातिलाना मुस्कान।
हाँ, मैं जानता हूँ।

10. समय हूँ मैं

आरम्भ मैं अनंत मैं,
ज़िन्दगी का हूँ अंत मैं।
उतार मैं चढ़ाव मैं,
बढ़ता हुआ शैलाब मैं।
आग मैं सिराग मैं,
हिमालय का हूँ भाग मैं।
भुत मैं वर्तमान मैं,
विभिषिका का एहसास मैं।
युद्ध मैं संहार मैं,
कलयुग का संसार मैं।
राम मैं रावण मैं,
भोले का वरदान मैं।
स्वर्ग मैं ज़ुज़दान मैं,
परशुराम का स्वाभिमान मैं।
पवित्र मैं प्रचण्ड मैं,
कुरुक्षेत्र का भूखण्ड मैं।
नेत्र खोलो देखो मुझे,
इस सृष्टि का रचयिता,
समय हूँ मैं।

11. मैं बिहार हूँ

बात अगर ये शुरू हुई है,
तो दूर तलक ये जाएगी।
बात जो मन में चुभी हुई थी,
वो आज निकल कर आएगी।
बिहार हूँ मैं, डरा सहमा सा,
खड़ा हूँ पर स्वाभिमान से।
ना जाने क्यों बेहाल सा हूँ,
सबके कटु बयान से।
शिक्षा की जननी है जो,
वो नालंदा बिहार है।
मीठे लीची की जननी भी,
मुज़फ़्फ़रपुर बिहार है।
हुआ लोकतंत्र का उदय जहाँ,
वो वैशाली बिहार है,
मधुबनी चित्रकला का उत्थान जहाँ है,
वो मिथिला बिहार है।
हर समुदाय के लोग यहाँ,
फिर भी एकता का प्रमाण हूँ।
भारतवर्ष के शीर्ष पर,
मुकुट सा विराजमान हूँ।
माँझी सा ज़िद्दी हूँ मैं,
नागार्जुन सा कीर्तिमान हूँ।

फिर भी, ना जाने क्यों,
चारों ओर बदनाम हूँ।
और सुनो....
नेत्र खोलो, देखो मुझे,
मैं अचल-अडिग पहाड़ हूँ।

12. जब हम मिलेंगे

जब हम मिलेंगे, तो क्या हरकतें होंगी हमारी ?

सोचा है ?

जब हम मिलेंगे,

मेरी आँखें तुम्हारी आँखों के समंदर में समा कर

तुमसे ये बतायेंगी, की मैंने लम्हा तुम्हे कितना याद किया

है।

जब हम मिलेंगे,

तुम्हे देख कर मेरी धड़कने तेज़ हो जाएंगी और जब

तुम मुझे गले से लगाओगी तो जैसे वो लम्हा ठहर सा ही

जायेगा,

और बेशक....मैं भी यही चाहता हूँ

जब हम मिलेंगे,

तुम्हारी मुस्कुराहट को देख मैं किसी मदहोशी में खो

जाऊँगा,

और फिर तुम्हे सीने से लगा कर वो सारी कसर पूरी

करूँगा,

और उस वक़्त का हर एक लम्हा ये कहेगा कि

हाँ....! तुम्हे मैंने बहुत याद किया।

जब हम मिलेंगे,

हो सके कोई बात थोड़ी सी तल्ख होने पर,

तुम नाक और आँख सिकोड़ कर मुझे डराओगी,

पर वो हरक़त मेरे लिए बैशाख वाली वर्षा की तरह होगी।

ये सब मेरी कल्पनायें नही हैं, मेरा सत्य है, जो तुमसे बार
बार कहेगा कि,
तुम और तुम्हारे साथ बिताया हुआ हर एक पल, मुझे
कितना याद आता है।
जब हम मिलेंगे।

13. एक ख़्वाब

रात के 2 बजे, जब आँख खुली तो
टहलते हुए मैं अपने छत पर आ गया।

मैंने देखा कि बहुत गहरी और काली रात है
तारे टिमटिमा रहे हैं....चाँद चमक रही है
और सारा शहर एक मीठे और गहरे नींद में है शायद,
शायद इसलिये क्योंकि हो सकता है शहर में कोई और भी
होगा मेरे जैसा,
जो इस काली रात में अकेला चाँद-तारों का दीदार कर रहा
हो।

खड़े खड़े,
मैंने जेब से अपना फ़ोन निकाला
और फ़ोन में एक तस्वीर निकाली, बेशक़ तुम्हारी हीं
निहारते हुये उस तस्वीर को
मैं वहीं कुर्सी पर बैठ गया।

तुम्हारी बहुत याद आ रही थी, एक तड़प थी मन में तुमसे
मिलने की, तुम्हे गले लगाने की,
कुछ ही देर में मैंने महसूस किया
की तुम कहीं आस-पास हीं हो,
की जैसे हर एक तारों से तुम्हारी की छवि उभर रही हो,

की जैसे ओस की बूँदों में तुम्हारा ही चेहरा छुपा हो,
मैंने सोचा शायद खुदा ने भी
तुम्हीं को दे रखी है
दुनिया में मोहब्बतों के
ख्वाब बांटने की ये बेहतरीन जिम्मेदारी...!

आधी रात को जब सच में आँख खुली तो
मैं हड़बड़ा कर जाग उठा, मैंने अपने हाथ देखे तो,
फ़ोन की जगह कलम थी
और दूसरे हाथ में थी वो डायरी
जो तुमने ही दिया था मुझे औए जिसमे तुम्हारे ही नाम
की कविता
लिखते लिखते मेरी आंख लग गई थी।

14. सफर

सफर, इन तीन अक्षरों के शब्द में बहुत गहरियाँ छुपी हैं। सफर तो हम सब आय दिन करते हैं पर कभी ये नही सोंचते की क्या रास्ते का सफर और जीवन के सफर में कोई अंतर है या दोनों एक ही है। गौर करें अगर तो दोनों ही सफर की उलझने, भीड़ और व्यक्तित्व समान ही हैं।

कुछ खास फर्क नही दोनों में। दोनों ही सफर में हम अपनी मंज़िल के तरफ बढ़ते चले जाते हैं सारी बाधाओं से भिड़ते हुए। पर कभी कभी वो बाधाएँ हमे झंझोड़ के रख देती हैं।

ज़िन्दगी के सफर में ना जाने कितने तरह के लोगों से हमारी मुलाक़ात होती है, कुछ लोगों से दुश्मनी तो कुछ लोगों से एक अटूट रिश्ता बन जाता है और उन्ही में से कोई एक जीवनसाथी के रूप में ज़िन्दगी के आख़िरी पड़ाव तक साथ रहता है। कुछ लोग मुखौटे के पीछे अपना वास्तविक पहचान छिपाये रहते हैं तो कुछ अपने कटु बयानों से हमारी ज़िंदगी मे कड़वाहट घोलते रहते हैं। कुछ ऐसे लोग होते हैं जो आपकी ज़िंदगी को खूबसूरत बनाने के लिए हमेशा आपके साथ खड़े रहते हैं बिना किसी धन लाभ के मोह के तो कुछ आपके साथ बस इसलिए रहते हैं ताकि आपसे उनको लाभ हो।

लोगों के अलावा ज़िन्दगी के सफर में बहुत सारी बाधाएँ भी मिलती हैं। कुछ छोटी छोटी रुकावटें होती हैं तो कुछ

बाधाएँ एक अडिग चट्टान सा हमारे सामने प्रस्तुत रहता है। अब ये हमारे ऊपर है कि हमे माँझी सा बन के उस चट्टान को काटते हुए उसका गुरुर तोड़ उसको शिकस्त दिखानी है या फिर एक कायर की तरह उसके सामने घुटने टेक शिकस्त स्वीकार कर लेनी है।

रास्ते का सफर भी इससे कुछ अलग नही होता है। उसमें भी वैसे ही बहुत सारी बाधाएँ, अनचाहे लोगों की भीड़, और बहुत सारी कश्मकश रहती है।

पर दोनों सफर में एक अंतर है, रास्ते के सफर में हमें मंज़िल का पता होता है, पर कभी कभी ज़िन्दगी के सफर में हम समझ नही पाते कि हमारी मंज़िल क्या है और कहाँ है। रास्ते के सफर में हम अपनी मन्ज़िल पर पहुँच ही जाते हैं पर ज़िन्दगी का सफर थोड़ा जटिल जरूर होता है, जिसमे मंज़िल की तलाश में कभी कभी हम खुद को खो देते हैं जिसके कारण ज़िन्दगी का सफर बीच राह में ही समाप्त होने को बाध्य हो जाता है।

15. तुम क्या हो...?

तुम क्या हो...?
है न काफी टेढ़ा सवाल।

सबके नज़र में एक दूसरे की कोई न कोई छवि जरूर होती है। तुम्हारे नज़र में भी मेरी कोई छवि होगी। आज सोचा की मेरे अन्तर्मन में तुम्हारी जो छवि है उसी शब्दों के रुप में कागज़ पर चित्रांकन किया जाये। हाँ, हो सकता है तुम्हे ये सब झूठ-फरेब लगे....पर इन शब्दों की गहराई में जा कर एक मर्तबा मंथन करना.....मेरा दावा है काफी अच्छा लगेगा तुम्हे।

अक्सर खामोश परे चेहरे के पीछे बहुत शोर छुपा होता है....और पता नही कैसे तुम मेरी वो खामोशी भी पढ़ लेती हो। शायद इसलिए ही तुम इतने करीब हो मेरे। मेरे बुरे पर तुम बिना मुझे Judge किये समझाती भी हो। मेरी बहुत सी ख़्वाहिशें थी कि कोई तो लड़की हो जो मुझे भी उतना प्यार करे जितना मैं करता हूँ, जो मुझे भी समझे, जो मुझे कोई हवसी ना समझे, मुझसे दिल से प्यार करे, अच्छे में प्यार से आलिंगन दे तो बुरे में डाट भी लगाए......और तुमने तो इन सारी बातों को एक ही झटके में पूरा कर दिया। और भी बहुत कुछ बातें हैं पर....वो क्या है न सारी बातें लिखी भी नही जा सकती नही तो उन बातों की एहमियत कुछ खास नही रह जाती। कुछ बातें

रहने देना चाहिए। पर फिर भी कुछ शब्दों के सहारे मैं ये बताने की कोशिश जरूर कर सकता हूँ कि तुम क्या हो मेरे लिए।

चाँदनी खामोश रात की उन मीठी हवाओं सी हो तुम जो मुझे स्पर्श कर के ये कहती हो की तुम्हारा होना एक सपना नही बल्कि सपने जैसा हक़ीक़त है। तुम्हारा होना मुझे पूरा करता है। किसी लंबे सफर के बाद ली हुई उस चैन की नींद सी हो तुम जिसके बाद ज़िन्दगी में कुछ अधूरा सा नही लगता। किसी विनाश के बाद के निर्माण में ली हुई उस सुकून सी हो तुम जो शायद मेरे लिए हमेशा अकल्पनिय था।

मैं कोई डूबता हुआ कश्ती हूँ.....तो तुम वो पतवार हो जो मुझे किनारे ला सकता है।

मैं कोई साज़ हूँ।....तो तुम मेरा संगीत हो।

मैं बस कोई गणित का लकीर हूँ.....तो तुम हाथों की तक़दीर हो।

अब मैं और क्या लिखूँ......!

बस इतना ही बोलूँगा की...

मेरी ज़िंदगी मे आने के लिए तहे दिल से तुम्हारा शुक्रिया....क्योंकि इससे ज्यादा कोई अल्फ़ाज़ नही बचे हैं मेरे पास तुम्हारे ख़िदमत में पेश करने के लिए।

और हाँ..... ये बस यूँही बोलने के लिए नही है......बल्कि मेरी सच्चाई है जो तुमसे कभी नही छुप सकती है।

16. एक रात

रात के 2 बज रहे हैं, और बस अचानक से अपने फ़ोन का नोटपैड खोल कर ये लिखना शुरू कर दिया हूं, पता नही क्यों....? मैं ये क्यों लिख रहा, नही जानता। मेरी ये लेख किस दिशा में जाएगी, ये भी नही पता। मैं इस लेख में क्या लिखूँगा, ये भी नही पता। बस शुरू कर दिया हूँ, बिना कुछ सोंचे, बिना कुछ समझे किसी अनजान से दिशा में।

मन बहुत घबराया सा है, और बेचैन भी। बहुत सारी बातें विचलित कर रही हैं अंतर्मन को। मन मे बहुत सारी बातें हैं, पर अजीब ये है कि मैं भी नही जानता कि वो कौन सी बातें हैं जो मन मे इन क़दर बवंडर पैदा कर रही हैं। एक अंतर्मुखी व्यक्ति होने का सबसे बुरा बात शायद यही है। तुमसे कुछ बातें करनी है। छुटकी, हमारा ये रिश्ता, बाकियों के रिश्ते से काफी अलग है। हमारे रिश्ते में प्यार और समझ दोनो है, जो कि इसे परिपूर्ण बनाता है। और मेरे लिए तो तुम्हारी हसी और खुशी ही काफी है मेरे दिन को अच्छा करने के लिए। तुम एक अटूट धागा हो मेरा। तुम्हारे साथ ज़िन्दगी बहुत खूबसूरत है। इस सफर में तुमसे मुझे कुछ चाहिय।

बहुत सारी उलझनें आयेंगी ज़िन्दगी के इस सफर में, हमेशा विश्वास बना कर रखना क्योंकि तुम्हारा पार्टनर तुम्हारे लिए कुछ गलत नही कर सकता। मेरे लिए तुम

और तुम्हारी खुशी ज्यादा जरूरी है। तुम एक पंछी हो, आसमान के ऊँचाइयों पर जाना है तुम्हे, किसी पिंजड़े में कैद नही।

तुम्हारा समय, ये सबसे कीमती चीज़ माँग रहा हूँ मैं, जो तुम हमेशा से देती आ रही हो। इससे बेहतर और कोई चीज़ हो ही नही सकता जो मैं तुमसे मांगू।

मन बहुत बेचैन है मेरा, मैं कभी नही चाहता कि हम दोनों के बीच झगड़ा हो, थोड़ा सा भी। क्योकि ये झगड़ा ही है जो किसी भी रिश्ते में खटास पैदा कर देता है। और तुम तो मेरे लिए क्या हो ये मैं कभी लिख के या बोल के बता भी नही सकता, क्योकि अनमोल चीजें पर लिख कर मैं उस चीज़ की तौहीन नही करना चाहता।

जान हो तुम मेरी।

रात काफी हो गयी है, कोशिश करता हूँ सोने का, तुमको ही देख कर।

और हाँ, तुमसे बहुत प्यार करता हूँ।